Moonology
ORÁCULO DA LUA

Moonology
ORÁCULO DA LUA

YASMIN BOLAND

Artwork by Nyx Rowan

© Publicado originalmente pela Hay House.
© Publicado em 2020 pela Editora Isis.

Tradução: Paula Dutra Revisão: Bruno Leite
Ilustrações: Nyx Rowan Diagramação: Décio Lopes
Capa: Leanne Siu Anastasi

Dados de Catalogação da Publicação

Moonology: oráculo da lua

Moonology: oráculo da lua/ Yasmin Boland | 1ª edição | São Paulo, SP | Editora Isis, 2020.

ISBN: 978-65-5793-006-9

1. Tarô 2. Oráculo 3. Arte divinatória I. Título.

Proibida a reprodução total ou parcial desta obra, de qualquer forma ou por qualquer meio seja eletrônico ou mecânico, inclusive por meio de processos xerográficos, incluindo ainda o uso da internet sem a permissão expressa da Editora Isis, na pessoa de seu editor (Lei nº 9.610, de 19.02.1998).

Direitos exclusivos reservados para Editora Isis.

EDITORA ISIS LTDA
www.editoraisis.com.br
contato@editoraisis.com.br

SUMÁRIO

Introdução 1
   Para que servem as cartas 2
   Abençoando as cartas 3

A sabedoria da lua 5

As fases da lua 9

Usando as cartas 11
   Como o oráculo é estruturado 11
   Interpretando as cartas 12
   Os elementos 14
   Usando as tiragens 16

Cartas das fases da lua......................................**23**

    Lua Nova 24

    Lua Crescente 26

    Quarto Crescente...................................... 28

    Lua Gibosa.. 30

    Lua Cheia.. 32

    Lua Disseminadora................................... 34

    Quarto Minguante..................................... 36

    Lua Balsâmica... 38

Cartas de Lua Nova.....................................**41**

    Lua Nova em Áries..................................... 42

    Lua Nova em Touro................................... 44

    Lua Nova em Gêmeos.............................. 46

    Lua Nova em Câncer................................. 48

    Lua Nova em Leão..................................... 50

    Lua Nova em Virgem................................. 52

    Lua Nova em Libra..................................... 54

    Lua Nova em Escorpião............................ 56

    Lua Nova em Sagitário 58

    Lua Nova em Capricórnio....................... 60

    Lua Nova em Aquário............................... 62

    Lua Nova em Peixes.................................. 64

Cartas de Lua Cheia...**67**

    Lua Cheia em Áries 68

    Lua Cheia em Touro 70

    Lua Cheia em Gêmeos...........................72

    Lua Cheia em Câncer 74

    Lua Cheia em Leão 76

    Lua Cheia em Virgem............................78

    Lua Cheia em Libra...............................80

    Lua Cheia em Escorpião 82

    Lua Cheia em Sagitário.........................84

    Lua Cheia em Capricórnio 86

    Lua Cheia em Aquário...........................88

    Lua Cheia em Peixes.............................90

Cartas de Luas Especiais **93**

    Eclipse da Lua Nova...............................94

    Eclipse da Lua Cheia 96

    Lua Crescente 98

    Lua Minguante....................................100

    Lua Fora de Curso...............................102

    Lua Cardinal..104

    Lua Fixa...106

    Lua Mutável..108

Super Lua... 110
Lua Azul.. 112
Nodo Sul... 114
Nodo Norte.. 116

Sobre a artista.. 118
Sobre a autora.. 119

INTRODUÇÃO

Bem-vindo(a) ao oráculo místico *Moonology*. A lua é uma fonte de iluminação mágica e misteriosa em nossos céus. Às vezes, ela (porque a lua é ela) está visível a olho nu; outras vezes, ela está oculta. Qualquer que seja a fase ou o signo do zodíaco em que esteja, ela sempre tem uma mensagem para nós.

A lua sempre esteve em nossas vidas desde que estamos na Terra. Mas quantas vezes você recorreu à lua para obter um conselho? A resposta pode ser "muitas vezes" ou pode ser "raramente". Independentemente da situação, a lua agora quer te orientar em direção ao futuro.

Essas cartas foram desenvolvidas para ajudar você a acessar a sabedoria feminina e ancestral da lua. Elas são uma poderosa ferramenta espiritual e divinatória que poderá lhe curar, guiar e proteger. Suas interpretações são baseadas em sérias diretrizes astrológicas, mas você perceberá que elas podem ser usadas da forma que você preferir, assim que você começar a conhecer melhor as cartas.

Tudo acontece por um motivo, e há uma razão para você estar lendo isto agora. Talvez você esteja no início de sua jornada com as cartas oraculares, ou com a lua, ou ambos. Talvez você já seja veterana quando se trata de oráculos. Qualquer que seja o caso, estou contente por você ter decidido trabalhar com as energias da lua usando este conjunto de cartas que foram criadas amorosamente para você.

Para que servem as cartas:

1. Criar sua vida
Ao refletir sobre as cartas que tirar, você pode decidir se gosta do que está criando atualmente para seu futuro ou se você pode fazer algo para mudar o caminho em que está.

2. Planejar sua vida
Se você gostar das cartas que tirar, você pode começar a fazer planos sólidos – as cartas sempre lhe dirão a verdade!

3. Prever sua vida
Quando começar a se familiarizar com as cartas, você verá que pode fazer algumas previsões firmes com base nelas.

Apesar de poderem ser usadas para fazer previsões para você e qualquer pessoa para quem você fizer uma leitura, acredito que as cartas vão muito além disso. Elas podem ser usadas verdadeiramente para criar sua própria realidade.

Quando uso cartas oraculares, eu gosto de obter um firme sim ou não. Sempre que possível, eu deixei absolutamente claro se há um sim ou não no futuro. Entretanto, em outros momentos, essas cartas também lhe mostrarão o destino do caminho que você está percorrendo atualmente, para que, se estiver insatisfeito com a sua direção, você possa ser capaz de mudar o rumo para alcançar um novo destino.

Abençoando as cartas

Antes de começar a usar as cartas, é super importante colocar nelas a sua energia. Com a pilha de cartas voltada para baixo em uma das mãos, respire lentamente e, enquanto você coloca sua intenção nas cartas, gentilmente retire carta por carta do topo da pilha com a outra mão e coloque-as voltadas para baixo, uma sobre a outra, sobre a mesa. Agora repita o processo com as cartas voltadas para cima, olhando brevemente para cada carta que retirar da pilha e colocar sobre a mesa. Quando a pilha de cartas estiver refeita, segure-a com ambas as mãos e diga algo assim:

Lindas cartas, peço que me orientem na direção certa, com bons conselhos para mim e quem mais buscar orientação.

Obrigado por sempre me mostrarem gentilmente o que eu preciso saber em cada carta que eu leio.

Confio nos conselhos recebidos. E que assim seja!

A SABEDORIA DA LUA

Há anos sou fã das cartas oraculares, e estou emocionada em trazer para você este conjunto de cartas criadas por mim a partir da sabedoria da lua. A lua é nossa guia cósmica, nosso relógio mágico, e tem fornecido conselhos há milênios. Essas cartas permitem que você, também, receba a orientação da lua.

Acredita-se que as cartas oraculares se originaram na França no século XIX, com o primeiro oráculo criado pela vidente profissional Marie Anne Lenormand (1772-1843). Enquanto o tarô segue um formato determinado, com arcanos maiores e menores, o mesmo não acontece com os oráculos, que podem ser criados basicamente de qualquer forma. No século XX, eles se popularizaram e ganharam o mundo, e hoje, no século XXI, eles já são tradicionais.

É importante observar que também no tarô a carta da lua é envolta em mistério, como a própria lua. Meu desejo é que este oráculo também seja repleto de magia e enigma, e que ele possa iluminar seu caminho exatamente como a lua cheia ilumina o céu noturno.

Consideremos a palavra "oráculo". O Dicionário Oxford mais recente apresenta a seguinte definição do termo: *'um sacerdote ou sacerdotisa que agia como um médium através do qual conselhos e profecias dos deuses eram buscados na antiguidade clássica'.* Acredito que muitos de nós perdemos de vista o fato de que nós podemos ser nossos próprios oráculos. A lua e as cartas de *Moonology* podem ser usadas para remediar isso.

Como nos afastamos da natureza e nos aproximamos do estilo de vida industrializado em que a maioria de nós do mundo ocidental se encontra hoje, perdemos contato com nossa habilidade de criar, planejar e prever nossas vidas. Mas as pessoas trabalham com a lua há milênios, principalmente as mulheres. Entretanto, durante o período agora chamado de "Caça às bruxas" (1300–1800), as mulheres foram enforcadas, afogadas e queimadas por saberem lidar com a lua ou por fazerem qualquer outra coisa que alavancasse seus poderes femininos.

Essas mulheres foram chamadas de bruxas, uma palavra cheia de significados naquele tempo, e nem sempre de uma forma positiva. Gosto de pensar que sou uma "boa bruxa", uma "bruxa de classe média" até, e uma sacerdotisa e criadora, também.

Mulheres, bruxas, sacerdotisas e criadoras usaram objetos divinatórios por anos. Nós também olhamos para as fases da lua. Essas duas honrosas tradições foram reunidas nessas cartas.

Enquanto se acostuma com as cartas do oráculo, você pode usar as interpretações neste livro, mas com o tempo você desenvolverá suas próprias interpretações, ampliando sua compreensão do significado de cada carta. Você começará a *ser* o oráculo, em vez de apenas usá-lo.

Se você tirar uma carta durante a leitura e ela lhe passar um determinado "sentimento", honre isso!

Apesar de sugerir que você primeiro se familiarize com as cartas antes de começar a adicionar suas próprias ideias, esta é definitivamente a parte final do jogo: acessar seus poderes para ler nas cartas a sua própria versão de presente e de futuro.

Você verá que as interpretações neste livro às vezes sugerem muitos resultados possíveis. Isto se deve ao fato dessas cartas seguirem muito de perto a tradicional sabedoria da astrologia e todos os eventos astrológicos tem vários resultados possíveis.

Então, leia as cartas usando seu coração e sua intuição, assim como seus olhos e raciocínio. A resposta que você está buscando sempre chegará até você. Conhecer as cartas e usá-las com frequência ajudará você a se conectar com elas ainda mais.

AS FASES DA LUA

Muitas pessoas que usarem essas cartas podem achar útil aprender um pouco sobre as fases da lua e outros fatos a ela relacionados, apesar de isso não ser necessário para começar a usá-las. Dito isso, espero que as pessoas que se sentirem atraídas a usar este oráculo, usem-no como um primeiro passo para aprender mais sobre a Lua.

Independentemente do signo do zodíaco que a lua nova ou cheia esteja em qualquer mês, a lua sempre se move na mesma ordem por suas fases. Em vez de seguir qualquer outro oráculo, trabalhei pura e simplesmente com as energias da lua enquanto ela se movia por cada uma das fases – Nova, Cheia, Super – e, claro, através dos 12 signos solares.

Há oito fases principais da lua e cada uma pode ser relacionada a determinadas palavras-chave:

●	Lua Nova	Recomeço, potencial, sonhos
◑	Lua Crescente	Coragem, seguir em frente, fé
◐	Quarto Crescente	Desafios, confiança, comprometimento
◖	Lua Gibosa	Melhorar, aprimorar, ajustar
○	Lua Cheia	Resultados, perdão, gratidão
◗	Lua Disseminadora	Relaxar, aceitar, reagrupar
◐	Quarto Minguante	Reavaliação, equilíbrio, confiança
◐	Lua Balsâmica	Cura, calma, entrega

USANDO AS CARTAS

Moonology: oráculo da lua é formado por 44 cartas poderosas e mágicas que podem ser usadas quando você quiser uma resposta profunda para uma questão difícil ou apenas uma orientação rápida. Você pode fazer perguntas sobre amor, finanças, trabalho ou sobre o que mais desejar. Se estiver se sentindo confuso sobre uma determinada situação, as cartas farão o seu melhor para lhe trazer clareza.

Como o oráculo está estruturado

O oráculo é dividido em quatro partes, cada uma representando a história a ser desenvolvida pelas oito principais fases lunares:

Cartas das fases da lua

Essas cartas mostram as oito fases mensais da lua, conforme descrito na tabela da página 10.

Cartas da lua nova

As 12 cartas da lua nova trazem uma energia de novidade e recomeços enquanto passam por cada um dos signos do zodíaco.

Cartas da lua cheia

As 12 cartas da lua cheia apresentam o clímax e conclusões de situações em cada um dos signos do zodíaco.

Cartas de luas especiais

As cartas diferentes marcam situações inesperadas e que se destacam. São elas: o eclipse da lua nova, o eclipse da lua cheia, a lua crescente, a lua minguante, a Lua Fora de Curso, a Lua Cardinal, a Lua Fixa, a Lua Mutável, a Super Lua, a Lua Azul, o Nodo Sul e o Nodo Norte.

Interpretando as cartas

Esteja certo de que qualquer carta que você tirar, independentemente da fase da lua no dia, será a carta certa para você. Por exemplo, se você tirar a carta da Lua Nova em Gêmeos em um dia de Lua Cheia em Escorpião, a interpretação da carta da Lua Nova em Gêmeos ainda é sua resposta. As cartas são simplesmente representações simbólicas das muitas energias que recebemos da nossa lua sempre em transformação.

Interpretação geral

Em cada carta você encontrará uma reposta provável e mais ampla para sua questão. Isso encapsula as energias da carta e a mensagem que ela está enviando para você. As cartas são previsões, então elas lhe mostrarão o que seus pensamentos e sentimentos estão criando atualmente, e onde eles lhe levarão. Você receberá ideias para explorar as energias da carta se você estiver contente com ela, e como modificar as coisas se não estiver satisfeito com ela.

Significados adicionais

Será que cada interpretação nos "significados adicionais" de cada carta se aplicam a você? Provavelmente não! Na verdade, alguns dos significados adicionais listados podem até parecer contraditórios algumas vezes – mas a astrologia cobre tudo, então você precisa compreender todas as possibilidades que cada carta apresenta. Cada fase da lua possui diversos significados e você precisará ser honesto com você mesmo e decodificar aquele que você visceralmente sentir que é para você.

'Sintonize-se com a Lua'

Afirmações e orientações para ajudar você a manifestar, concluir, liberar ou remover o que for necessário para fazer uma transformação positiva em sua vida.

O ensinamento

O ensinamento de cada carta fornece informações adicionais sobre a Lua, e como ela se conecta com a mensagem da carta, para pessoas interessadas em saber mais sobre astrologia. Use as interpretações neste livro assim como as lindas imagens nas cartas para aprender mais sobre as energias presentes.

Os elementos

Assim como a astrologia, a sabedoria da lua usa os quatro elementos principais: fogo, terra, ar e água. Cada elemento traz suas próprias qualidades e está relacionado a três signos solares:

- Fogo (intenso, sugerindo que há calor por vir) – Áries, Leão e Sagitário
- Terra (pés no chão e promessa de estabilidade) – Touro, Virgem e Capricórnio
- Ar (pede que você aplique seu intelecto ou lógica à situação) – Gêmeos, Libra e Aquário
- Água (emocional e pede que você entre em contato com seus sentimentos) – Câncer, Escorpião e Peixes

Aprender a 'sentir' esses elementos enquanto usa as cartas ajudará você não apenas a compreender as cartas, mas também lhe ensinará mais sobre como o ciclo da Lua funciona.

Quando realmente começar a sentir as características dos elementos, você começará a despertar outros conhecimentos profundos que você tem sobre a lua e o cosmos.

As lindas ilustrações da artista Nyx Rowan podem ser usadas como ferramentas de meditação. Você pode, por exemplo, desenvolver uma prática diária de tirar uma única carta e colocá-la diante de você enquanto você medita sobre a mensagem. Peça às deusas da Lua da Grécia e Roma antigas – Selene e Diana, respectivamente – por exemplo, ou aos arcanjos associados à Lua – Haniel e Gabriel – para ajudar você a compreender o que você precisa saber. Eles iluminarão a sua compreensão com os raios de luz da lua quando você pedir, independentemente de ser noite ou dia.

Apesar de as imagens lindas serem suaves e misteriosas, enquanto você lê as interpretações das cartas você verá que há mensagens fortes e geralmente muito claras, fornecendo a você uma ideia de como seu futuro vai se desenrolar, com um sentimento muito prático para as respostas ou interpretações. Com o tempo, você conseguirá ampliar esses significados originais, observando como as cartas aparecem para você.

Usando as tiragens de cartas

Você pode usar as cartas do jeito que você quiser. Eu gosto de ter um momento para me recompor antes de fazer uma pergunta, tendo consciência das forças poderosas que eu aciono quando leio as cartas, e então eu posso simplesmente retirar uma única carta para responder a uma única pergunta. Para mim, esta é a maneira mais poderosa e mais rápida de obter uma resposta.

Tradicionalmente, no entanto, as pessoas que leem cartas criaram o que ficou conhecido como as "tiragens". Que nada mais são do que uma forma de dispor as cartas para que cada uma delas se relacione a uma pergunta ou resposta específica. A Cruz Celta e a tiragem de três cartas são duas das tiragens mais tradicionais que você também pode usar.

A Cruz Celta

- Carta 1 – O presente
- Carta 2 – O desafio
- Carta 3 – O passado
- Carta 4 – O passado recente
- Carta 5 – O resultado, se nada mudar

Usando as Cartas

- Carta 6 – O caminho para o futuro
- Carta 7 – Mais sobre você
- Carta 8 – Mais sobre a situação
- Carta 9 – Desejos e medos
- Carta 10 – O resultado final

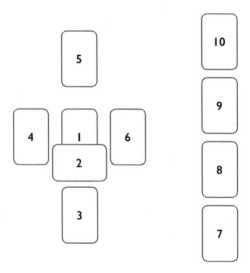

Tiragem de Três Cartas

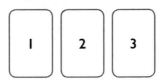

- Carta 1 – O passado
- Carta 2 – O presente
- Carta 3 – O futuro

Além disso, você pode experimentar uma das duas tiragens abaixo, usando a mesma formação de cartas. (Você pode encontrar informações sobre a atual fase da lua na sessão de mensagens Daily Moon (Lua Diária) no site: www.moonology.com). Observe que eu não leio cartas invertidas, ou seja, não há uma interpretação diferente para aquelas que estiverem de cabeça para baixo.

Tiragem de Três Cartas na Lua Nova

Use esta tiragem no primeiro período da Lua Nova ou assim que possível, antes que a lua mude de fase.

A Lua Nova é um período para novos começos. Enquanto seleciona as cartas, pense no mês que virá e peça à energia divina para guiar você com cartas que lhe ajudarão a compreender as energias que estão por vir. Essa disposição de cartas também funcionará se você fizer uma pergunta específica sobre o próximo mês.

- Carta 1 – O que está surgindo em mim?
- Carta 2 – A principal mensagem nesta Lua Nova
- Carta 3 – O resultado final

Tiragem de Três Cartas na Lua Cheia

Use esta tiragem no dia da Lua Cheia ou logo que for possível, apesar de importar menos do que na Lua Nova se você fizer isso antes ou depois do dia exato da lua. Enquanto escolhe as cartas, você pode tanto fazer uma pergunta específica ou pedir à energia divina por uma orientação geral neste momento.

- Carta 1 – O que está indo embora e o que eu preciso perdoar?
- Carta 2 – O que a iluminada Lua Cheia tem a me mostrar?
- Carta 3 – O que vem a seguir?

Tiragem de Quatro Cartas na Lua Crescente

A Lua Crescente é o período que vai da Lua Nova até a Lua Cheia – um período de aproximadamente duas semanas – quando a lua parece estar aumentando de tamanho a cada noite. Este é o momento de trabalhar com gosto em direção aos seus objetivos, e as cartas nesta tiragem refletem isso. Pense em seu principal objetivo no momento e então, uma por uma, coloque as cartas voltadas para baixo nessa disposição:

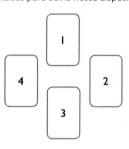

- Carta 1 – O que estará crescendo em mim entre o momento presente e a Lua Cheia?
- Carta 2 – Qual é a solução para qualquer problema que eu vier a enfrentar agora?
- Carta 3 – O conselho
- Carta 4 – O resultado final

Aqui está uma leitura para mostrar como você pode interpretar as cartas em várias posições:

- Carta 1 (O que estará crescendo em mim entre o momento presente e a Lua Cheia?) Resultado: Super Lua – algo incrível está prestes a acontecer!
- Carta 2 (Qual é a solução para qualquer problema que eu vier a enfrentar agora?) Resultado: Lua Minguante – siga em frente com a menor resistência possível.
- Carta 3 (O conselho) Resultado: Lua Nova em Gêmeos – a comunicação é a chave.
- Carta 4 – (O resultado) Resultado: Eclipse na Lua Cheia – abra mão do controle e deixe os eventos acontecerem.

Tiragem de Quatro Cartas na Lua Minguante

A fase da Lua Minguante é aquele período que vai da Lua Cheia até a Lua Nova. Ela dura cerca de duas semanas e é o momento em que precisamos nos libertar e deixar ir. As perguntas nesta tiragem se relacionam a questões que podem surgir durante esse período. Você pode perguntar à energia divina tanto sobre algo que você suspeita precisar deixar ir nesta fase ou pedir por orientação geral durante esse período. Posicione as cartas na mesma formação da tiragem anterior de quatro cartas (acima).

- Carta 1 – Do que eu preciso me libertar?
- Carta 2 – O que pode me ajudar?
- Carta 3 – O que pode me ajudar a aceitar e renunciar?
- Carta 4 – O resultado final

Meu desejo é que você sempre volte a essas cartas, até que suas bordas estejam bem usadas; que você conheça e ame essas cartas – e mais importante ainda – confie nelas para suas questões mais importantes.

A Lua é guiada pela Mãe Divina e eu dedico essas cartas a ela.

Yasmin Boland

Cartas das Fases da Lua

Um novo começo está surgindo!
Lua Nova

Há um 'Sim!' vindo em sua direção. Esta é uma das cartas mais auspiciosas deste oráculo; é totalmente positiva e sugere que algo novo e incrível está em desenvolvimento. A situação sobre a qual você perguntou é abençoada e você está no rumo certo para alcançar seus objetivos. A mensagem do Universo é que você está recomeçando de alguma forma, pode ser em um novo e melhor percurso ou apenas se sentindo mais positivo em relação a alcançar o resultado desejado. Se você tem se sentido estagnado, esta carta surge para lhe lembrar que a vida caminha em ciclos e que você está se movendo em direção a um novo ciclo agora. Este é o momento de limpar a folha em branco. Se a situação sobre a qual você perguntou se tornou tóxica, isso pode ser superado agora ou algo totalmente novo está a caminho.

Sintonize-se com a Lua

Eu verei isso acontecer quando eu acreditar.

Significados adicionais para esta carta

- Um novo começo está a caminho.
- Em breve você começará a se sentir mais esperançosa sobre obter o que você deseja.
- Sua crença de que seus sonhos podem se manifestar está funcionando bem.
- Esqueça o passado.

O ensinamento

A Lua Nova marca o início do ciclo crescente e é o meio caminho para a Lua Negra. É um tempo escuro e velado, quando a lua fica invisível, e um tempo de renascimento. É o período em que as bruxas fazem seus trabalhos, elaborando desejos e apresentando suas intenções para o novo ciclo; um período intensamente mágico, quando é mais fácil atravessar o véu para outros mundos.

Tenha fé em seus sonhos
Lua Crescente

Não desista! A situação sobre a qual você perguntou ainda está tomando forma – você ainda não está nem próximo do fim da história. O que quer que esteja acontecendo é apenas uma etapa do caminho. Como se diz no clássico da autoajuda, 'Tudo ficará bem no final; se ainda não está tudo bem, ainda não é o final.' Contudo, a carta da Lua Crescente é um lembrete de que você precisa continuar lutando pelo que deseja. Se não conseguir dar passos concretos, passe algum tempo meditando sobre a pergunta que você fez e permita-se acessar as informações sobre qual é o melhor próximo passo a ser tomado. De forma geral, esta carta sugere que há todos os motivos para ter esperanças de um resultado positivo para a situação sobre a qual você está perguntando, portanto, mantenha a fé!

Sintonize-se com a Lua

Estou focada naquilo que desejo.

Significados adicionais para esta carta

- Só porque você não pode ver os seus sonhos, isso não quer dizer que eles não estejam se manifestando.
- Não olhe para trás – mantenha-se focado em seguir adiante.
- Seja paciente com o desenrolar dos acontecimentos.
- Busque no mais profundo do seu ser para encontrar mais coragem.

O ensinamento

A Lua Crescente é a segunda das oito principais fases da lua, mas mesmo que não seja o momento da Lua Crescente quando você tirar esta carta, ela ainda sugere que você precisa seguir em busca de seus sonhos. É o momento de colocar os pés no chão com vontade enquanto vai atrás de seus objetivos.

Seu comprometimento está sendo testado
Quarto Crescente

Alguns desafios podem estar vindo em sua direção, mas eles são apenas a forma de o Universo testar você. O Quarto Crescente convida você a enfrentar os desafios com confiança. O que você de fato pensa é possível? Se você acreditar que pode fazer algo, então você provavelmente poderá; se você passar a sua vida afirmando que algo é grande demais para ser superado, então ele provavelmente será. Percebe como funciona? Você acredita que seus sonhos se tornarão realidade ou você secretamente já desistiu deles? Mostrar algum comprometimento agora ajudará você a seguir em direção ao resultado desejado. O que você acredita ser verdade é verdade para você, então acredite em você.

Sintonize-se com a Lua

Sou comprometido com os meus sonhos e sigo em direção a eles com confiança.

Significados adicionais para esta carta

- A resposta para sua pergunta é 'Sim, mas não ainda'.
- Você está no meio do caminho até seu objetivo.
- Ainda é preciso colocar um pouco mais de esforço.
- Às vezes temos apenas que ter consciência do quanto desejamos alguma coisa.
- Você precisa reafirmar seu comprometimento com alguém ou alguma coisa.

O ensinamento

No ciclo lunar, o quarto crescente surge entre a Lua Nova e a Lua Cheia. É um momento em que o Sol e a Lua formam uma quadratura entre eles, e isso pode gerar uma pequena crise. Independentemente de quando você tirar esta carta, você precisa perceber qualquer drama que aconteça como um degrau necessário para onde você quer chegar. Também pode ser um daqueles momentos em que você precisa ficar firme durante uma tempestade.

Você está muito perto de alcançar seu objetivo
Lua Gibosa

A palavra gibosa significa intumescente. Que palavra descritiva, certo? E tirar esta carta a qualquer momento do mês sugere que a situação sobre a qual você está perguntando está crescendo com a possibilidade de chegar ao pico. Mas esta não é uma carta 'definitiva' com um 'sim' ou 'não' claro. Ao invés disso, você está sendo lembrado de que alguns ajustes ainda são necessários antes de conseguir o que deseja, apesar de você estar certamente no caminho certo, o que é muito reconfortante para você. Entretanto, também há um senso de que a situação é um pouco tensa, então vá com calma – um passo em falso e tudo pode ir pelos ares! Isso não é para lhe assustar; é apenas para que você saiba que essa situação tem um pavio, então tenha cautela se decidir acendê-lo.

Sintonize-se com a lua

Sei que estou no caminho certo.

Significados adicionais para esta carta

- Agora é um bom momento para rever seus planos.
- Mantenha a energia fluindo enquanto segue em direção aos seus sonhos.
- Mantenha o foco.
- É um bom momento para começar um novo projeto.
- Você precisa retomar hábitos saudáveis.

O ensinamento

A Lua Gibosa surge bem no final do ciclo lunar, logo antes da Lua Cheia. Ela parece intumescente porque ela é quase uma lua cheia, então ela está quase completamente redonda. É a culminação do ciclo crescente e, como tal, tende a ser um período intenso do mês. Independentemente de quando você tirar esta carta, ela sugere um momento muito maduro e uma situação muito madura.

Renda-se ao poder divino
Lua Cheia

A própria palavra 'clímax' traz todo tipo de ideias e imagens para nossa mente – concorda? Mas ela é realmente o sentimento desta carta: a vida está chegando a um ponto, a uma conclusão ou ponto de virada; pode haver algum tipo de mudança, e possivelmente algum tipo de explosão emocional. Conecte-se com suas emoções e veja o que elas estão lhe dizendo. Elas provavelmente estão próximas à superfície, independentemente de qual seja o ciclo em que a lua está quando você tirar esta carta. Os problemas logo serão resolvidos e você saberá se seus desejos irão ou não se tornar realidade. A sorte está a seu favor, já que esta é uma carta positiva, mas talvez você precise trabalhar mais que o usual para ficar mais tranquilo quando as coisas acontecerem.

Sintonize-se com a Lua

Eu recebo as respostas de que preciso.

Significados adicionais desta carta

- Um pedido que você fez está prestes a se tornar realidade.
- É um período de tudo ou nada.
- Pode haver certa loucura no ar – respire fundo e mantenha a calma.
- Talvez você precise perdoar alguém para liberar a energia negativa.
- É hora de se libertar do passado e seguir em frente.

O ensinamento

A Lua Cheia marca o clímax do ciclo lunar, o que faz desta uma carta poderosa. A Lua Cheia é frequentemente o período em que as respostas são dadas às perguntas feitas durante a Lua Nova, e tirar esta carta a qualquer momento do ciclo lunar sugere que as respostas não tardarão a chegar até você.

Reserve um tempo para respirar
Lua Disseminadora

A intensidade da Lua Cheia enfraqueceu – e o que sobra disso? É isso que esta carta lhe pergunta. Ela sugere que a situação sobre a qual você questiona chegou ao pico e agora é hora de reagrupar e aprender com suas experiências ao invés de seguir cegamente em frente. Tenha fé de que tudo o que acontece é para o seu melhor. Tente aceitar a forma como as coisas estão agora, e se dê um tempo (e aos outros) para relaxar. Respire; não dá para ficar 'ligado' o tempo todo. Se sentir que chegou a um obstáculo ou até mesmo que falhou de alguma forma, agora é o momento de refletir sobre como fazer as coisas de uma forma diferente da próxima vez. Seja honesto consigo, mesmo se sentir mal sobre sua situação atual e então lembre-se de que a vida caminha em ciclos.

Sintonize-se com a Lua

Estou onde estou e está tudo bem.

Significados adicionais para esta carta

- Você deve saber onde está agora ou muito em breve.
- Você precisa tirar um tempo para relaxar pelo seu próprio bem.
- É hora de compartilhar sua sabedoria e experiência com outra pessoa.
- Evite cair em marasmo.

O ensinamento

A Lua Disseminadora é a primeira fase da lua após a explosão de energia que surge com a Lua Cheia. Independentemente de quando tirar esta carta, ela sugere que você está em um ponto mais tranquilo no ciclo da vida de qualquer situação sobre a qual tenha perguntado. Este não é o momento ideal para começar nada novo. A Lua Disseminadora é o momento de respirar. Separe algum tempo de descanso para você e pense sobre tudo o que passou.

Ajustes são necessários
Quarto Minguante

Pense em você como um recipiente que tem sido enchido mais e mais ao longo das últimas semanas. Algumas coisas que chegaram foram maravilhosas, mas há também muita negatividade e você precisa se libertar disso. Qualquer que seja a situação sobre a qual você está perguntando agora, seja honesto sobre se há emoções tóxicas envolvidas que você precisa liberar. Esta carta também chega com a promessa de que nem tudo está perdido! Entretanto, há alterações ou ajustes necessários antes de você conseguir chegar onde deseja. Uma mudança no rumo está prevista agora que acontecimentos recentes foram compreendidos e você já fez o que era necessário. Também pode haver uma 'crise' agora que lhe lembrará do que você quer e de quando for a hora de deixar ir, por isso preste atenção.

Sintonize-se com a Lua
Eu estou reavaliando a situação.

Significados adicionais para esta carta

- Sua vida pode estar em desequilíbrio e isso pode estar causando seus problemas. Pode ser hora de elaborar um novo plano.
- Algo novo e incrível está prestes a acontecer.
- É necessário ter confiança para que esta situação siga adiante.

O ensinamento
No período do Quarto Minguante, nós sabemos por onde estivemos — mas para onde estamos indo? A Lua agora é uma meia lua e está se afastando de nós enquanto ela pega cada vez menos luz, movendo-se em direção ao seu completo desaparecimento na Lua Nova. É hora de sair um pouco de cena e de reavaliar a situação. Independentemente de quando você tirar esta carta, o ensinamento é deixar ir e confiar.

Um tempo de cura
Lua Balsâmica

Tirar esta carta sugere que o passado está no passado e um futuro brilhante está acenando. Contudo, antes de dar o próximo passo, certifique-se de que tanto você quanto a situação se sintam curados – este não é o momento de disfarçar as feridas ou de simplesmente fingir que tudo está bem. Ao invés disso, você ainda precisa de um pouco mais de tempo para curar e acalmar, não apenas você, mas todos que precisarem disso. Lembre-se que tudo é possível se você acreditar. Este também é um momento de renunciar e esperar a orientação do Universo. Alguns insights poderosos podem surgir. Se souber que alguém ou alguma coisa não são verdadeiramente bons para você, esta carta é um lembrete para renunciar. Comece a trabalhar na sua confiança em seus sonhos para que esteja pronto quando a hora chegar.

Sintonize-se com a Lua

Quando um se cura, todos são curados.

Significados adicionais

- É hora de deixar o passado ir.
- Você está perto de um momento de transformação.
- Você precisa de mais tempo para se curar.
- Pense em como essa situação seria se todos estivessem curados.

O ensinamento

A paciência é necessária durante a Lua Balsâmica. É um tempo para autocuidado já que você lentamente se prepara para a Lua Nova, que está logo ali. Não importa em qual ponto do ciclo lunar você tirou esta carta, ela é um lembrete para pegar leve com você mesmo. O tempo de acessar todo seu poder criador chegará muito em breve. Dê a você o tempo que precisa.

Cartas de Lua Nova

É hora de agir
Lua Nova em Áries

A chama está acesa! Um maravilhoso começo já dá seus sinais e você está no caminho certo. Tirar essa carta é um sinal incrivelmente positivo se há algo que você quer que aconteça em sua vida.

Entenda esta carta como um grande 'Sim!' do Universo. Este é o momento de realmente se conectar com seus sonhos. Talvez você ainda tenha um longo caminho a seguir (afinal, Áries é o primeiro signo do zodíaco) mas você está no caminho. Determinação, assertividade e bravura são desejados neste momento, mas o fogo quente de Áries está guiando você em direção ao sucesso qualquer que seja o destino.

O cuidado a ser tomado? Não vá rápido demais, nem esqueça seus modos. Trate as pessoas bem enquanto você se abastece de energia em direção aos seus objetivos — você criará um karma muito melhor para você.

Sintonize-se com a Lua
Nem pense em desistir.

Significados adicionais para esta carta
- Faça o seu melhor — e fique contente com isso.
- Evite ser impetuoso agora.
- Você precisa de um plano de 12 meses.
- Um novo alguém surgirá em sua vida.

O ensinamento
Áries é o primeiro signo do zodíaco, então a Lua Nova em Áries é a primeira das 12 ou 13 Luas Novas do ano. Se estiver determinado a trabalhar com todas as lunações, então a Lua Nova em Áries é o momento certo para começar, e tirar esta carta — independentemente de quando isso ocorrer — significa que também é o momento ideal para começar seu trabalho com a lua, por exemplo, colocando as suas intenções.

Prosperidade à frente
Lua Nova em Touro

Esta carta frequentemente surgirá quando a pergunta envolver uma questão financeira ou quando estiver em dúvida sobre seu valor próprio. A carta sugere que você pode ter o que você quer – inclusive coisas materiais – mas você tem que acreditar em você mesmo. Isso se resume nas leis de atração: valorize-se e os outros também lhe valorizarão. Você pode criar abundância! Touro é associado à luxuriosa Vênus e esta carta apresenta a energia da Lua Nova, então agora é um bom momento para elaborar um plano financeiro para os próximos 12 meses. Esta carta também pode sinalizar o início de um novo relacionamento, ou tempos em que você se sentirá mais sexy. Se você tem lutado com alguma coisa por muito tempo, a Lua Nova na robustez de Touro é um sinal para você não desistir ainda!

Sintonize-se com a Lua

Receba ou faça uma massagem — corpo saudável, mente saudável.

Significados adicionais para esta carta

- Você em breve poderá arcar com as despesas daquilo que você deseja.
- Ter certeza daquilo que você mais valoriza lhe ajudará a encontrar a paz.
- Separe um tempo para mimar você mesmo.
- Comece a fazer uma contribuição mensal em uma conta poupança, não importa o valor.

O ensinamento

Frequentemente sentimos que é estranho nos concentrarmos em nossas finanças, mas a verdade é que o dinheiro pode tornar a vida muito mais confortável de um ponto de vista físico. Touro sabe disso e a Lua Nova em Touro é o momento para usar sua mágica para criar o dinheiro que você quer para que você possa ter os confortos que deseja. Lembre-se, no entanto, que outra pessoa está desejando tudo o que você já possui.

A comunicação é a chave
Lua Nova em Gêmeos

Um relacionamento bem sucedido geralmente se resume a uma coisa: comunicação. E a carta da Lua Nova em Gêmeos é sobre o começo de um novo ciclo para se comunicar com a pessoa do centro de sua pergunta. Falar sobre as coisas é a resposta para qualquer que seja sua pergunta. Se você não consegue conversar com a pessoa, você pode escrever algo como um diário para si mesmo. E-mails, mensagens de texto e todas as outras formas de comunicação também ajudarão você agora. Se a questão sobre a qual está perguntando se refere a um irmão ou um vizinho, há um novo começo chegando, um momento de passar a borracha em tudo e recomeçar. Esta carta também pode sugerir que você tem sido frívolo ultimamente e precisa colocar os pés no chão outra vez. Mas, ainda mais importante, tirar esta carta indica a necessidade de se comunicar.

Sintonize-se com a Lua

Escreva uma lista com os nomes das pessoas que você mais ama e veja se você as tem priorizado.

Significados adicionais para esta carta

- É hora de contar a alguém como você se sente.
- Não fique só na sua cabeça esquecendo seu coração.
- Alguém está flertando com você.
- Leia mais livros.

O ensinamento

Gêmeos é o signo da comunicação e da socialização, das ideias e viagens, e a energia ao redor dele e desta carta (independentemente do momento em que seja tirada) é de velocidade, fofoca e flerte. A Lua Nova em Gêmeos é um momento maravilhoso para sair e socializar – Gêmeos adora um bate-papo. Uma coisa importante para se ter em mente em relação a esta carta é que ela também pode indicar estar mentalmente 'exausto'. Meditações diárias poderão ajudar você a desenrolar os fios confusos do seu pensamento.

Você e quem você ama estão em segurança
Lua Nova em Câncer

Há um novo começo surgindo em sua vida privada. Algo está brotando em conexão com as pessoas e lugares que você mais ama. Isso pode ter relação com um membro de sua família, um colega de apartamento ou mesmo uma mudança de casa. Se você deseja seguir em frente com algo especial em sua vida privada, esta carta vem até você como uma mensagem de que você pode. Se você tem negligenciado sua família, é hora de se reconectar com eles. Se você tem negligenciado a si próprio, é necessário cuidar e nutrir mais você mesmo. Se sua insegurança está lhe impedindo de agir, é algo com que você precisa lidar agora. Fazer isso pode lhe trazer o que seu coração deseja.

Sintonize-se com a Lua

Lembre-se de colocar sua família em primeiro lugar.

Significados adicionais para esta carta

- Deixe alguém se aproximar mais de você.
- Um novo ciclo está começando para suas crianças.
- É hora de rever seus objetivos – eles mudaram?
- A meditação ajudará você a se libertar de suas inseguranças.
- Passar algum tempo perto das águas trará a você paz e respostas.

O ensinamento

A Lua Nova em Câncer pode ser um período bastante emocional. A Lua é toda sobre emoções e Câncer é um signo de água também muito emocional! Dito isso, a Lua é bem feliz no signo de Câncer – é um dos seus dois signos basilares, juntamente com Touro – então, sempre que esta carta surgir, ela sugere que, o que quer que aconteça em seguida, será a seu favor. É uma carta especialmente positiva para questões familiares.

Confiança é a sua chave para o sucesso
Lua Nova em Leão

Esta carta anuncia o início de um novo ciclo para você, quando você vai parecer e se sentir mais atraente, mais em destaque, mais como quando você sabe que tem algo que vale a pena para mostrar. Se você está querendo a atenção de alguém, esta carta vem para dizer que a atenção está chegando. Contudo, nada disso vai acontecer sozinho. Você deve estar disposto a fazer a sua parte – isso significa ter orgulho de quem você é e do que você tem a oferecer. Pense em você como o Rei ou a Rainha da Floresta, e aja de acordo. Esta carta também é um ótimo presságio se estiver perguntando sobre um projeto criativo no qual esteja trabalhando. Além disso, pode ser um sinal de boas notícias, ou de um novo começo, para suas crianças.

Sintonize-se com a Lua

Separe algum tempo para se divertir.

Significados adicionais para esta carta

- Chegou a hora de mostrar ao mundo a sua luz.
- Deixe a sua luz brilhar!
- Orgulhe-se de si mesmo.
- Mime-se um pouco – você merece.
- Você chamou a atenção de alguém.

O ensinamento

Este é o signo do leão bravo e de grande coração, orgulhoso de si mesmo e que adora se exibir – e flertar. A energia ao redor da Lua Nova em Leão (e portanto, ao redor desta carta, sempre que tirá-la) é quente e generosa. A energia gosta de si mesma, e assim deve ser com você. Se você tem estado 'invisível' para o mundo há muito tempo, esta carta da Lua Nova em Leão surge como um lembrete de que você precisa se orgulhar de quem você é.

É hora de dar em vez de receber
Lua Nova em Virgem

Quando essa carta surge, é hora de fazer um balanço. Onde você está e onde quer chegar? A energia da Lua Nova presente nesta carta sugere um recomeço e a energia de Virgem sugere que esse recomeço seja inteligente, simples e bem organizado. Virgem tem forte aspecto com a saúde relacionada a ele, então se você não tem se sentido bem, esta carta sugere que a saúde vai melhorar. O signo de Virgem gosta de comidas simples e terapias alternativas, então inclua isso em suas rotinas agora, independentemente de como você tem se sentido. Se uma situação está bloqueada no momento, pode ser que você esteja analisando demais a situação ou sendo muito crítico. É hora de pedir menos o que os outros podem fazer por você e pensar mais sobre o que você pode fazer pelos outros.

Sintonize-se com a lua

Faça um novo compromisso com as rotinas matinais e noturnas saudáveis.

Significados adicionais para esta carta

- Aprimoramentos graduais estão surgindo.
- Preste atenção aos detalhes se quiser ter sucesso (sem ser pedante!).
- Esteja a serviço dos outros, e o amor e o dinheiro fluirão até você.
- A pessoa sobre quem você está perguntando é confiável.

O ensinamento

Virgem é o signo da saúde, do serviço e da análise — sua energia é precisa e há um sentimento de colheita nele. Quando esta carta aparece, pode ser que algo maravilhoso está vindo em sua direção. Entretanto, a energia da Lua Nova em Virgem geralmente é sobre colocar sua vida em ordem, então é isso que você precisa fazer quando a Lua Nova estiver em Virgem e sempre que esta carta aparecer.

Um novo ciclo romântico começa
Lua Nova em Libra

Dar e receber pode muito bem ser a resposta para qualquer dilema que você esteja enfrentando – o momento pode exigir mais compromisso. É hora de começar a negociar, ou até mesmo renegociar. Quando a Lua Nova está em Libra, há um recomeço para você e para outra pessoa – um novo relacionamento pode estar começando, e se este for o caso há grandes chances de ser uma conexão saudável e equilibrada. Em qualquer coisa que você fizer após tirar esta carta, é aconselhável fazê-la em pares, formando uma equipe com alguém nos negócios ou em sua vida pessoal. Libra é o signo das relações e esta carta sugere que quem estiver no centro da sua questão é alguém que estará aberto a conversar. Evite ser egoísta – não lhe ajudará em nada neste momento.

Sintonize-se com a Lua

Entre em contato com alguém e demonstre que você se importa.

Significados adicionais para esta carta

- Sinta mais, pense menos.
- Casamento ou noivado no horizonte.
- Um problema legal será resolvido.
- Preste atenção em sua aparência, mas não seja apenas sobre aparências.

O ensinamento

Libra é o signo do amor e da harmonia, da negociação e dos relacionamentos; ele é harmônico, gentil e luxurioso, e sempre em busca de equilíbrio. Então quando a Lua Nova está em Libra, ou em qualquer momento em que você tirar esta carta, há um recomeço possível para tudo relacionado a parcerias, negócios, aparências e justiça. Lembre-se que Libra é representado pela balança – e esta energia quer trazer o equilíbrio de volta às coisas.

Atravesse seus medos
Lua Nova em Escorpião

Esta carta sugere um renascimento. Pense em sua situação como a fênix que surge das cinzas; como o paradigma de 'nascimento, morte, renascimento'. É disso que se trata a energia de Escorpião. O que quer que você esteja enfrentando, há um novo começo à vista. Pode ser um pouco escuro (certamente não haverá um arco-íris nem unicórnios), mas será algo profundo e transformador. Esta carta também sugere que, se você sabe que é um ser mágico, então este é o momento de colocar sua mágica em prática. Esta carta também pode ser um presságio de momentos mais sexy, e com intimidade emocional. Escorpião é o signo que gosta de mergulhar profundamente no corpo, na mente e no espírito, então sempre que esta carta surgir, saiba que não é nada superficial o que vem por aí.

Sintonize-se com a Lua

Tenha um momento sexy.

Significados adicionais para esta carta

- É tempo de desapegar do que não lhe serve mais.
- Afaste-se do ciúme.
- Pare de ser obsessivo.
- Será que você está sendo paranoico?
- Faça um investimento.

O ensinamento

Escorpião é o signo da morte e do renascimento, da magia e dos xamãs – sua energia é um pouco sombria, oculta, até mesmo assustadora. Nem todos gostam de enfrentar sua sombra, mas Escorpião exige isso. Na verdade, só quando lidamos com nossa sombra que podemos potencializar nossa luz, e a Lua Nova em Escorpião (e sempre que esta carta surgir) sugere que você faça isso agora.

A sorte está do seu lado
Lua Nova em Sagitário

O que vai acontecer certamente colocará um sorriso em seu rosto. A Lua Nova em Sagitário pode marcar o recomeço da diversão após um período de tristeza. A energia é de Aventura e até mesmo de disposição para correr alguns riscos – mas cuidado para não apostar a casa, já que a roda da fortuna ainda está girando! Esta carta fala sobre explorar a vida metaforicamente, seja trocando grandes ideias com outras pessoas ou apenas pensando sobre sua própria filosofia. Talvez seja o momento de mudar de ideia sobre algo importante? Também pode ser um sinal de que uma oportunidade de viajar vai surgir se isso for algo que esteja trabalhando para alcançar.

Mas, de forma geral, a mensagem presente nesta carta é de que, não importa o que aconteça, será uma espécie de dádiva, mesmo que isso simplesmente seja ampliar sua visão de mundo.

Sintonize-se com a Lua

Celebre suas bençãos – literalmente. Escreva todas elas ou diga uma por uma em voz alta.

Significados adicionais para esta carta

- Você precisa rir mais!
- Este é um momento maravilhoso para começar a estudar ou ensinar um novo curso.
- Não seja tão bitolado.
- Inicie uma semana de prática de gratidão (pode ser via Facebook, em um diário ou blog, por exemplo).

O ensinamento

Sagitário é o signo da diversão, das viagens, da exploração e da Grande Jornada Cósmica. É o signo das grandes ideias – sua energia é expansiva, animada, cheia de sorte e divina. A Lua Nova em Sagitário exalta tudo isso, assim como esta carta, sempre que ela surgir. Nada é imutável com Sagitário e uma energia otimista poderia atrair todo tipo de coisas boas se você se conectar a ela esperando o melhor.

Seu esforço está valendo a pena
Lua Nova em Capricórnio

Antes de tudo, esta carta sugere um recomeço profissional. Independentemente do que tenha acontecido no seu trabalho, esta carta é um presságio de um recomeço e um novo e aprimorado ciclo profissional. Se tem estado infeliz com seu emprego atual, este é o momento de renegociar sua função ou de procurar algo novo. Qualquer que seja sua pergunta, seja ela relacionada ou não ao trabalho, é momento de criar um novo plano e estratégia. É preciso visualizar as coisas a longo prazo e pensar sobre onde você quer estar daqui a 12 meses ou até mesmo 5 anos. Isso mostrará o melhor curso a ser tomado agora, então pense seriamente sobre isso. Tirar esta carta sugere que é hora de você ser ambicioso, independentemente do que você queira alcançar.

Sintonize-se com a Lua

Elabore um plano adequado e execute-o bem.

Significados adicionais para esta carta

- Você precisa ser mais disciplinado para alcançar seu objetivo.
- Seu esforço transformará seus sonhos em realidade.
- Um ótimo presságio para estudos ou ensino.
- Não seja tão controlador, e evite qualquer pessoa que seja controladora.

O ensinamento

Capricórnio é o signo da ambição, da construção e do trabalho duro — a energia é sólida e rígida. A Lua Nova em Capricórnio é uma lunação poderosa que surge em direção ao final de cada ano e marca possivelmente o melhor momento para anualmente fazermos uma lista de desejos, sonhos, ambições e intenções para o ano seguinte. A aparição desta carta a qualquer momento sugere que, com planejamento e disciplina, você pode alcançar tudo o que sua mente decidir fazer.

Traga amor para a situação
Lua Nova em Aquário

Aquário é sobre progresso e modernidade, então este é o momento de seguir em frente. A carta da Lua Nova em Aquário significa 'Nada de olhar para trás!' A mudança está a caminho e ela pode chegar rapidamente. Conseguir ou não a transformação que você deseja depende tanto do quanto você acredita ser capaz de chegar a essa transformação e do quanto você está dependendo dos outros para que isso chegue até você. Esta carta surge com a sugestão de que você pode precisar fazer as coisas de forma independente, por conta própria. Mas seja amoroso – e não muito pragmático! O tempo pode ser a essência quando esta carta surgir – a energia de Aquário possui uma eletricidade. Certamente há o senso de que você precisa deixar o passado para trás e seguir em direção ao seu futuro assim que possível.

Sintonize-se com a Lua

Explore a ideia de que não é *o que* você conhece, mas *quem* você conhece.

Significado adicional para esta carta

- Você precisa se desapegar um pouco desta situação.
- Pensar fora da caixinha trará a solução.
- É tempo de mais pragmatismo.
- Melhore seu karma fazendo algum trabalho voluntário.

O ensinamento

Aquário é o signo da invenção, dos avanços da modernidade e tecnologia, e da humanidade. Sua energia é uma pouco quebradiça – é individual, científica até, e relativamente desapegada emocionalmente. Muitas pessoas pensam que aquário é um signo de água porque seu símbolo é o aguadeiro, mas na verdade é um signo de ar e é muito mais sobre intelecto do que os emocionais signos de água – assim como esta carta, independentemente de quando ela surgir. Deixar de lado as convenções cai muito bem com essa energia.

Meditação e contemplação
Lua Nova em Peixes

Essa carta fala de sonhos e romance, de almas gêmeas e poesia. Ela sugere que um novo começo está a caminho e ele está conectado a uma questão que deixa você oscilando entre ficar com a cabeça nas nuvens ou em um estado totalmente alterado. Pode haver confusão e decepção se isso foi o que aconteceu com você antes e se for isso que você está esperando novamente. Contudo, se você estiver aberto a coisas boas, e desejar com todo seu coração, as palavras de sua alma podem ajudar a manifestar seus sonhos. Se tudo isso parecer meloso demais, então isso é Peixes para você. Este é o último signo do zodíaco, e a carta da Lua Nova em Peixes pode sugerir aquela última tacada para transformar seus sonhos em realidade.

Sintonize-se com a lua

Use seus sentimentos para guiar o caminho (a lógica não vai funcionar muito agora).

Significados adicionais para esta carta

- Encare seus medos, eles podem estar te aprisionando.
- Esta situação está sendo curada.
- É hora de render-se à Energia Divina – cante 'Om Namo Narayani'.
- Evite iludir os outros ou fazer isso propositalmente.

O ensinamento

Peixes é o signo dos sonhos e mistérios, ou das profundas emoções, idealismo e romantismo sem fim. É o signo da água e do inconsciente – sua energia é profunda, como a profundeza das águas. A Lua Nova em Peixes indica que é hora de ouvir seus sentimentos e permitir que suas emoções reinem livremente. O que você estiver sentindo quando tirar esta carta é mais provável do que a verdade, a menos que esteja se enganando de alguma forma – e só você saberá dizer se este é o caso ou não.

Cartas de Lua Cheia

Um clímax intenso se aproxima!
Lua Cheia em Áries

É hora de refletir se você não tem voltado sua atenção demais para si mesmo. Há um cabo de Guerra acontecendo entre o que você quer e o que outra pessoa deseja, mas você terá que esperar um pouco mais para ver onde isso vai dar. Enquanto espera, pergunte-se se tem tratado a situação da forma mais sensível que poderia. Se no fundo sentir que você tem sido um pouco duro demais, ido rápido demais ou até ultrapassado certos limites, então aceite que em algum nível você contribuiu para criar esta situação para si mesmo, o que significa que você também poderá sair dela. Quando esta carta aparece, a situação está chegando a um desfecho e ele pode ser bem intenso.

Sintonize-se com a Lua

Seja legal, seja gentil, sorria e seja educado enquanto você se move em direção ao local em que quer estar.

Significados adicionais para esta carta

- Ser assertivo é bom – só não passe por cima de ninguém.
- Se estiver em uma situação tensa, medite para sair dela e sentir-se em paz.
- Não seja infantil! (Desculpe, mas esse pode ser o problema.)
- Você precisa se divertir mais!

O ensinamento

A Lua Cheia em Áries é um período muito intenso, quando as emoções podem estar em alta. Pelo lado positivo, há empolgação pelo que pode estar a caminho, mas os humores possivelmente se intensificarão, com comentários duros ou decisões. Não importa quando você tirar esta carta, ela sinaliza que a situação acabou de chegar ou está prestes a chegar a um ponto decisivo, talvez de uma forma bem intensa. Pode haver um preço a pagar se você andou sendo muito competitivo ou muito brusco.

Seus sonhos precisam de um plano prático
Lua Cheia em Touro

Às vezes você precisa de um pouco de mágica, em outras você precisa ser prático – e às vezes você precisa encontrar um equilíbrio entre os dois. Esta carta sugere que é nesse ponto em que você está agora. Você precisa usar as leis da atração para tirar disso o que deseja (imaginando, desejando, dando as boas-vindas ao que deseja) mas você precisa equilibrar isso com ações práticas em direção aos seus objetivos. Não se trata de desejar as coisas olhando para a lua e esperar que o melhor aconteça; é sobre fazer algo como uma lista de coisas a serem feitas para alcançar seus sonhos. Se a pergunta for sobre dinheiro, essa carta é sinal de sorte financeira a depender de suas ações passadas e do que você está esperando atrair.

Sintonize-se com a lua
Escreva 10 coisas que você sabe serem maravilhosas a seu respeito.

Significados adicionais para esta carta
- A preguiça pode explicar sua situação atual. Se for isso, é hora de agir e fazer acontecer!
- Correr atrás de dinheiro não funciona – você precisa correr atrás de um sonho.
- Ciúme ou inveja criam energia negativa e atraem negatividade.
- É momento de se exercitar mais.

O ensinamento
A Lua Cheia em Touro é o momento de colocar os pés no chão, de se conectar com a terra e encarar os sentimentos negativos que talvez esteja sentindo para encontrar um equilíbrio entre ser passional e ser intenso em excesso. Problemas com dinheiro podem surgir quando a Lua Cheia está em Touro, mas você pode interpretar esta carta como um sinal para prestar mais atenção aos seus gastos, independentemente do momento em que esta carta surgir.

As respostas que você precisa estão a caminho

Lua Cheia em Gêmeos

Esta carta é um lembrete de que é importante falar a sua verdade, mas lembre-se que suas palavras tem consequências e causam impacto em quem as escuta; neste momento é preciso lutar contra a indiscrição. As respostas de que você precisa podem chegar logo. O problema que você está enfrentando está a uma conversa ou duas de ser resolvido. Se estiver perguntando sobre amor, talvez seja hora de flertar um pouquinho. Se estiver no meio de uma briga, esta carta é um lembrete de uma antiga sabedoria nada geminiana: 'Quanto menos se diz, mais rápido se conserta'. É bom conversar, mas tenha cuidado para não estar causando mais problemas com suas palavras. As palavras têm um poder enorme – como bem disse o metafísico Florence Scovel Shinn (1871–1940), 'Sua palavra é a sua varinha mágica!' Você cria magia e sua própria realidade cada vez que você se expressa.

Sintonize-se com a lua

Tenha uma conversa importante, mas permaneça calmo!

Significados adicionais para esta carta

- Não seja superficial.
- Alguém está tentando flertar com você – você percebeu?
- Você precisa rir dessa situação e seguir em frente.
- Há boas chances com novas oportunidades de trabalho.

O ensinamento

Muita falação enquanto a emocional Lua Cheia se move pelo comunicativo signo de Gêmeos. É muito fácil falar demais, então tenha mais cautela se tirar esta carta. Ela também pode indicar um evento social agradável, já que a Lua Cheia em Gêmeos é um ótimo momento para socialização. Esta carta também é um bom augúrio para os estudos se estiver levando isso em consideração.

Um problema pessoal encontra uma resolução

Lua Cheia em Câncer

As coisas podem esquentar bastante já que a Lua está Cheia e Câncer é um signo super emocional, então pode haver algo como uma explosão de sentimentos agora ou ao redor do seu questionamento. É importante estar sensível às outras pessoas quando se tira esta carta; há questões muito delicadas ao seu redor então dê passos cautelosos em busca de seus objetivos ou sonhos. Esta carta indica um período especialmente feminino. É também um presságio de um momento ideal para lidar com qualquer assunto de família que surgir – nada com o que se preocupar; ela representa um desafio que está chegando ao fim.

Esta carta também sugere que um problema doméstico ou privado logo chegará ao seu ponto final, e que é um ótimo momento para mudar de casa. A resposta para sua pergunta reside em ser um líder mais gentil. Este é o momento para criar coragem e se colocar em cena para superar suas inseguranças.

Sintonize-se com a lua
Pode ser melhor seguir em direção ao que deseja por outro caminho.

Significados adicionais para esta carta
- Medite para acalmar suas emoções alteradas.
- Não seja pegajoso.
- Pare de ficar emburrado!
- Você tem passado tempo suficiente com sua família?

O ensinamento
As emoções alteradas da combinação Lua-Câncer não podem ser ignoradas. Contudo, Câncer é um dos signos basilares da Lua (junto com Touro) então falando astrologicamente, a lua ama estar neste signo – na verdade, ela rege Câncer. Isso significa que, com esta carta, há um senso de 'tudo está onde deveria estar' ou 'Não se preocupe, tudo ficará bem'.

Não deixe o orgulho atrapalhar
Lua Cheia em Leão

Você tem deixado esse orgulho se tornar um obstáculo? A pergunta que você está fazendo é baseada em seu ego ou vem do coração? A energia de Leão é toda sobre o coração (pense no leão, o rei da floresta dotado de grande coração). Sua energia é magnífica, mas quando combinada com a intensidade da Lua Cheia pode se tornar mais que demais. Esta carta pode ter surgido para você porque você precisa resolver um impasse – mais amor e pensar no bem maior são a solução para esse dilema. Se você não tem feito como deveria recentemente, este é o momento de encontrar um equilíbrio entre suas próprias necessidades e as necessidades das pessoas ao seu redor. Isso ajudará todos os seus relacionamentos.

Sintonize-se com a lua

Seja magnífico, sem se tornar demais!

Significados adicionais para esta carta

- Ter autoestima é bom, mas vaidade nunca é.
- Todas as pessoas são igualmente importantes.
- Inspirações criativas devem ser seguidas – faça alguma mágica!
- Uma amizade pode estar terminando.

O ensinamento

Quando a Lua Cheia chega em Leão pode ser um período incrivelmente iluminado e maravilhoso, em que as pessoas se sintam mais confiantes para mostrar ao mundo seus talentos e qualidades. Este é o ponto positivo dessa lunação e dessa carta (independentemente de quando ela apareça). Contudo, observe que a combinação Leão-Lua Cheia cria um tipo de tensão entre suas necessidades e as necessidades das outras pessoas em sua rede de relações. A Lua Cheia em Leão é um momento de se libertar do orgulho.

Você é bom o suficiente
Lua Cheia em Virgem

Este é o momento de ser honesto consigo mesmo e compreender o que lhe levou a fazer essa pergunta. Você tem sido tão humilde a ponto de se apagar? Humildade é bom mas não se pode ir longe demais, e tirar essa carta sugere que você não está se valorizando o suficiente. Você não precisa ser o destaque, apenas silenciosamente tenha certeza de que você é bom o suficiente. No outro extremo da escala, você também precisa responder essa pergunta: você tem sido muito exigente? A carta da Lua Cheia em Virgem precisa de respostas verdadeiras. Depois que você fizer isso, será mais fácil ver como você chegou onde está. Seu próximo passo então ficará mais óbvio para você. Preste atenção aos detalhes. O trabalho duro traz resultados.

Sintonize-se com a lua

Encontre um equilíbrio entre o cósmico e o mundano em seu dia a dia.

Significados adicionais para esta carta

- Preocupar-se demais atrairá mais coisas com as quais se preocupar.
- Você tem sido crítico demais? Pode ser bom pedir desculpas.
- Pare de duvidar de você mesmo.
- Melhore seu karma fazendo algo bom a alguém.

O ensinamento

A Lua Cheia em Virgem é um momento para limpar e organizar sua vida, sua casa e seu escritório. É hora de separar o que é bom em sua vida e o que já não lhe serve mais. É também um bom momento para limpar suas energias com banhos de sal e meditações, e de praticar uma maior conexão com a terra caminhando de pés descalços. Independentemente de quando você tirar esta carta, ela é um lembrete de que qualquer momento é uma boa hora para começar a viver uma vida mais saudável.

Um resultado positivo para todos é previsto
Lua Cheia em Libra

Lua Cheia em Libra: o signo da parceria, do apaixonar-se e relacionar-se de perto com alguém. Já que a Lua Cheia é sobre clímax e conclusões, esta carta sugere tanto o início de um relacionamento ou que um relacionamento importante existente está mudando, talvez chegando ao fim ou ganhando um novo nível de comprometimento. É importante lembrar que as pessoas entram em nossa vida por um motivo, e às vezes, apenas por um motivo – se um relacionamento está chegando ao fim agora, ele está cumprindo seu curso no tempo certo, então não lute contra isso. Esta carta também pode se referir a um relacionamento profissional. Há a ideia de que você precisa equilibrar seu ego com as necessidades de outra pessoa. Um resultado positivo para todos é possível desde que envolva dar e receber. Fazer isso pode ser a resposta para essa questão.

Sintonize-se com a Lua

Deixe ir o que está indo embora...

Significado adicional para esta carta

- Olhe a outra pessoa através dos olhos do amor — isso mudará sua perspectiva.
- É hora de tomar uma decisão firme.
- É hora de focar em si mesmo por um momento.
- Cuide de você, mas evite a vaidade.
- Agora é um bom momento para uma transformação.

O ensinamento

Independentemente de quando você tirar a carta da Lua Cheia em Libra, ela encoraja você a encontrar um equilíbrio entre seus desejos e os desejos das pessoas ao seu redor. O equilíbrio é uma energia muito libriana e a Lua Cheia eleva tudo isso. Dramas e decepções colocam as parcerias em evidência. A energia de Libra também inclui a energia do amor. As negociações ficam mais fáceis.

É hora de liberar a negatividade
Lua Cheia em Escorpião

Se você tem se sentido meio paranoico e agindo um pouco estranho, esta carta é uma mensagem direta do cosmos para parar com isso. Se preocupar demais é inútil. É hora de liberar qualquer negatividade presente nessa situação. Se alguém não foi gentil com você, talvez seja hora de deixar essa pessoa ir. Esta carta é sinal de um período emocionalmente intenso já que tanto a Lua Cheia quanto Escorpião são extremamente intensos. É hora de se permitir sentir todas as suas emoções. Pode haver algo desagradável no ar quando você retirar esta carta — se esse for o caso, considere-a como um sinal para se afastar de qualquer coisa ou pessoa que julgue ser tóxica. Para alguns, entretanto, esta carta tem um significado totalmente diferente: sua vida sexual pode melhorar agora, se você se esforçar um pouco. Use sua magia. Você tem dentro de você tudo o que você precisa para atrair o resultado desejado.

Sintonize-se com a Lua

Exteriorize seus sentimentos! Eles ficam melhores do lado de fora.

Significados adicionais para esta carta

- É hora de deixar de viver com medo para viver com alegria.
- Você está certo em ter suspeitas.
- Pessoas grudentas são tóxicas, deixe isso ir.
- O fim de um argumento.

O ensinamento

A Lua Cheia em Escorpião tem uma surpresa desagradável: ela pode ser sinal de um término vingativo em um relacionamento. Também pode ser um momento em que tentamos ser bons, mas somos malcriados. Se tirar esta carta, em qualquer período que seja, seu lado sombrio pode estar em evidência. A Lua Cheia em Escorpião é também um momento de mágica. Se você andou pensando em fazer magia, este é o momento!

Veja as coisas numa perspectiva mais ampla
Lua Cheia em Sagitário

Você está pensando demais nos detalhes do seu dilema? Ficar se desgastando por minúcias pode ser contraprodutivo. Ou talvez você esteja só falando, mas não está agindo? Esta carta é um lembrete de que, ao mesmo tempo em que é bom pensar antes de agir, às vezes é necessário dar um passo atrás e olhar as coisas por uma perspectiva mais ampla. O que você vê então da sua situação atual? Qual o pensamento mais positivo que você pode ter em relação a ela? Agora é o momento de contar suas bênçãos, mesmo que você ainda não tenha exatamente o que você quer. Esta carta é também um lembrete de que nós, com frequência, temos que correr alguns riscos e seguir com incerteza nesta jornada chamada vida. Tente manter a mente aberta sobre o que é melhor; o Universo pode surpreender você.

Sintonize-se com a Lua

Separe um tempo para um pequeno descanso ou aventura.

Significados adicionais para esta carta

- Esta situação pode ter surgido por você estar distraído.
- Seja confiante (sem exagero) para ganhar o dia.
- Você tem demonstrado que se importa? Se não, agora é o momento.
- Encontre o equilíbrio entre falar o que você pensa e falar demais.

O ensinamento

A Lua Cheia em Sagitário é um momento em que nós somos lembrados de que a vida é uma aventura e que há um mundo imenso a ser visto para além do nosso jardim. É sobre se divertir e estar preparado para navegar por territórios desconhecidos. É sobre grandes ideias versus pequenos detalhes. Independentemente de quando você tirar esta carta, ela encoraja você a olhar para as coisas com uma perspectiva mais ampla.

O fim de um ciclo se aproxima
Lua Cheia em Capricórnio

O quanto você está disposto a lutar pelo que deseja? Esta carta veio para lembrar que é necessário se esforçar. Os problemas de trabalho estão próximos a chegar a um desfecho quando esta carta aparece. Se você está se perguntando se você deve permanecer no seu emprego ou deixá-lo, esta carta pode ser um forte sinal de que é hora de se despedir. A previsão é que o período difícil chegará ao fim. Esta carta também pede que você considere o quanto ambicioso você é e se você está ou não preparado para fazer tudo o que for possível para tornar seus sonhos profissionais uma realidade, sem ser impiedoso. Se a pergunta for sobre amor, esta carta pode ser um chamado para encarar a realidade. Qualquer que seja a situação sobre a qual está inquirindo, elaborar um plano pode ajudar. Se sua vida pessoal está turbulenta, priorize-a mais.

Sintonize-se com a Lua
Solte o controle e confie no Universo.

Significados adicionais para esta carta

- Um projeto professional pode estar terminando.
- Admita se você tem sido excessivamente teimoso ou intrometido.
- Encontre um equilíbrio entre sua vida profissional e pessoal.
- É tempo de parar de temer o pior.

O ensinamento
A Lua Cheia em Capricórnio tem uma energia e ética muito fortes para o trabalho, e tende a surgir mais possivelmente quando é uma pergunta sobre a área profissional. Se sua pergunta é sobre outra questão, ela servirá como um necessário lembrete para atravessar qualquer sentimento de falta de esperança que possa ter sobre a situação, e isso se aplica em qualquer momento que a carta surgir. Elaborar um plano é o melhor uso que você faz do seu tempo.

Mostre ao mundo seu verdadeiro eu
Lua Cheia em Aquário

Esta carta traz a mensagem do cosmos de que é necessário se desapegar um pouco dessa questão. Alguém pode estar mantendo você muito próximo agora, mas isso não é algo ruim. É importante que você deixe a vida se desenrolar e progredir, mesmo que as mudanças pareçam uma possibilidade assustadora. Se algo tem feito você esconder seu verdadeiro eu do mundo, esta carta é um lembrete de que suas características únicas são o que tornam você especial. Em um relacionamento, você está muito distante ou disperso? Siga em frente e seja você, independente do que venha a acontecer.

Sintonize-se com a Lua

Tenha consciência dos seus sentimentos, mas esteja preparado para seguir em frente.

Significados adicionais para esta carta

- Não perca a beleza e o romance da vida.
- Você passa tempo demais com seus pensamentos, escute mais seu coração!
- Um amigo precisa de você, esteja lá por ele.
- Uma situação terá uma virada inesperada.

O ensinamento

Toda Lua Cheia é o momento de se libertar e deixar ir, mas o acréscimo da energia de Aquário a esta combinação triplica essa mensagem. Aquário é o oposto de pegajoso, e retirar essa carta a qualquer momento sugere que você precisa deixar ir ou alguém vai pensar que ele é a pessoa que terá que deixar ir – talvez você. O que precisa ir? Qual a coisa certa a fazer? O que quer que aconteça em seguida pode ser altamente inesperado e nada convencional.

Equilibre a espiritualidade e a realidade
Lua Cheia em Peixes

Você tem andado com a cabeça tão nas nuvens que perdeu o contato com a realidade? Se sim, veja essa carta como um sinal de que você precisa prestar atenção e fazer um esforço concentrado em direção aos seus objetivos – quanto mais práticos os passos que você tomar, melhor. É hora de encontrar um equilíbrio interno entre suas responsabilidades e seus sonhos. Medite sobre isso e as soluções para seu problema podem ficar muito claras agora. Se estiver em uma situação complicada porque você tem agido como mártir, esta carta é uma mensagem do cosmos para cancelar esse papel, pelo bem de todos.

Sintonize-se com a Lua

Medite todos os dias e observe o que diz sua intuição. As respostas virão.

Significados adicionais para esta carta

- Você está em um estado super romântico, mas não super realista.
- Siga sua intuição – ela não te desapontará.
- No pior dos cenários, esta carta sinaliza o fim de um sonho.
- A pessoa sobre a qual você está perguntando é sua alma gêmea.
- Evite abuso de substâncias.

O ensinamento

Peixes é o último dos signos do zodíaco, então a Lua Cheia em Peixes simbolicamente marca os finais. Quando a lua está cheia em Peixes, ou sempre que essa carta aparecer, é hora de mergulhar fundo em suas emoções. A praticidade está em discordância com as energias sem limites de Peixes, então sinta seu caminho agora. A habilidade psíquica é aumentada quando a Lua Cheia está em Peixes, e almas gêmeas se conectam. Também é hora de enviar seus sonhos para o Universo, libertando-se dos seus medos.

Cartas de Luas Especiais

Espere mudanças poderosas
Eclipse da Lua Nova

Se você quer confirmação de que pode alcançar seus sonhos e obter o resultado desejado na situação relacionada à sua pergunta, então aqui está. Esta é a carta dos começos e há energias poderosas em ação. Mas esteja preparado: pode ser uma aventura e tanto, e os acontecimentos podem ser até desconfortáveis. Entretanto, qualquer nova direção que você tomar lhe levará a um lugar melhor do que está no momento. O que quer que esteja acontecendo agora está acontecendo por um motivo e você apreciará isso mais tarde. Um novo portal está se abrindo e tudo o que você tem que fazer é ter coragem de esquecer o passado e atravessá-lo.

Você está sendo colocado no caminho certo. Não há nada a temer.

Sintonize-se com a Lua
Esqueça o passado. A vida avança a cada dia.

Significados adicionais para esta carta
- Sim, sim, mil vezes sim!
- Você está sendo manobrado em direção ao seu propósito de vida.
- O que quer que esteja acontecendo agora está acontecendo pelo seu bem maior.
- Este é um ponto de mudança importante em sua vida.

O ensinamento
Os Eclipses da Lua Nova estão entre os acontecimentos astrológicos mais excitantes. Eles sinalizam uma mudança completa de ritmo. É como se você estivesse seguindo em uma direção, sendo guiado pelo seu ego, e então vem a Energia Divina – a Deusa, ou o Espírito – para colocar você na direção que você de fato precisa seguir. Mesmo que não tenha um Eclipse da Lua Nova ocorrendo quando você tirar esta carta, ela é uma afirmação poderosa de transformações positivas.

As conclusões estão a seu alcance
Eclipse da Lua Cheia

Eclipse da Lua Cheia – e simplesmente assim, uma porta se fecha! Se você tirou esta carta, ela sugere que a situação sobre a qual você está perguntando chegou ou está quase chegando ao topo, e agora as coisas estão fora de seu controle. O que você está vivenciando agora é aquilo que sua alma escolheu viver – uma forma de você aprender e de sua alma evoluir. Então permita que os acontecimentos se desenrolem e seja gentil com você mesmo. Se está se despedindo de alguém ou de alguma coisa, saiba que é o momento certo, mesmo que esteja sendo muito difícil. Perdoar alguém pelo que ela fez pode ser a chave para resolver essa situação de uma forma positiva. Isso não transforma o que eles fizeram em algo correto, mas te liberta para que você possa seguir em frente.

Sintonize-se com a Lua
Aquilo que é predestinado a ser meu não passará despercebido por mim.

Significados adicionais para esta carta
- Portas que se fecharem agora não serão reabertas.
- Está na hora de você voltar aos trilhos.
- O perdão libertará você do karma.
- Meditação, pranayama e yoga nidra são todos recomendados para você agora.
- Abra mão do controle e permita que os eventos aconteçam.

O ensinamento
Quase sempre as luas cheias são sobre clímax e conclusões; os Eclipses da Lua Cheia são o mesmo, mas turbinados. Ele pode ser difícil de lidar porque é um presságio de mudanças, uma coisa com a qual muitos de nós não se sentem confortáveis. Mas a mudança é parte da vida e essa carta, independentemente de quando apareça, é um lembrete disso. Os Eclipses da Lua Cheia também podem nos dar uma amostra daquilo que Carl Jung chamou de 'o lado sombra'. Trabalhe com a sua escuridão.

A energia está ganhando força
Lua Crescente

Durante o ciclo da Lua Crescente, a esperança brota eternamente. Essa carta é um sinal muito positivo, indicando que você pode criar a realidade com a qual tem sonhado, apesar de requerer algum trabalho e de você ainda não ter chegado lá. Este é um momento de energias em ascensão. As emoções também estão sendo construídas.

Aonde você quer chegar?

Você acredita ser capaz de chegar lá?

Você pode pensar em continuar meditando e focando no seu resultado desejado ou você pode assumir o comprometimento corajoso de dar passos mais práticos em direção aos seus objetivos. O que quer que decida, você estará certamente no caminho certo.

Sintonize-se com a Lua
Eu sei que sigo na direção certa.

Significados adicionais para esta carta
- A situação é cheia de potencial.
- Seu sonho pode se tornar realidade.
- Mais esforço ainda é necessário – você está disposto a fazer mais?
- Reveja seus objetivos e certifique-se de ainda estar comprometido com eles.
- Continue seguindo em frente.

O ensinamento
O ciclo crescente é o período do ciclo lunar que vai da lua nova até a lua cheia, e durante este tempo a lua aparece maior e mais redonda a cada noite. Este é um momento muito empoderado e empoderador, e essa carta é muito promissora. Ela sugere que agora é o momento de fazer planos e colocá-los em prática, não importa quando você tirar essa carta.

O que você precisa deixar ir?
Lua Minguante

O período da Lua Minguante aponta para o que está indo embora. A vida segue em ciclos e às vezes precisamos de um tempo de recolhimento ou de liberação. Independentemente do momento do ciclo lunar que esta carta apareça, é um sinal de que a situação chegou ao seu ponto mais alto, para o bem ou para o mal, e é momento de pegar mais leve. É o outono e o inverno do ciclo. E então, o que você precisa deixar ir? Com certeza alguma coisa da situação sobre a qual perguntou. Essa carta pode ser muito positiva, mas ainda sugere gentilmente que você deixe ir o que precisa ir, e pare de se esforçar tanto para fazer dar certo.

Sintonize-se com a Lua

É seguro deixar ir e seguir em frente.

Significados adicionais para esta carta

- Siga em frente com o mínimo de resistência possível.
- Este não é o momento de começar novos projetos.
- É recomendado que você se liberte de toda bagagem emocional.
- Peça desculpas a alguém.
- Faça alguma atividade energética, como meditação ou yoga.
- Em breve você verá o que vem pela frente.

O ensinamento

No momento do ciclo de minguação, separe algum tempo para olhar para o céu todas as noites – você verá a Lua ficando menor e menor, indo da Lua Cheia à Lua Nova novamente. É o momento em que as coisas estão indo embora; certamente não é o momento de se apegar a algo ou alguém. Tirar esta carta sugere que a situação está em sua fase de outono e inverno, então recolha-se e inicie o seu processo de regeneração.

Nada virá desta situação
Lua Fora de Curso

Em uma forma de astrologia conhecida como 'horária', em que o mapa astrológico é posicionado de acordo com o momento em que a pergunta está sendo feita e decodificada, uma Lua Fora de Curso significa 'Nada virá dessa questão' ou 'Esta situação não dará frutos'. Isso pode ou não ser boa notícia, dependendo da sua pergunta. Por exemplo, se você estava preocupado com alguma coisa, independentemente do que fosse, esta carta pode ser entendida como um sinal de que não há motivos para você se preocupar. Entretanto, se está perguntando sobre um novo projeto de qualquer tipo, inclusive um novo relacionamento, é um sinal para ajustar as expectativas ou mudar as coisas para ter um resultado diferente. Lembre-se: as cartas apenas preveem o que você está criando no momento, e você pode mudar isso tanto com seu comportamento quanto com suas crenças.

Sintonize-se com a Lua

Eu confio no meu bem maior.

Significados adicionais para esta carta

- Há chances de que algo está diminuindo.
- Algo melhor pode estar logo ali.
- Acredite que você conseguirá o que precisa.
- Renda-se à Energia Divina.
- Passeie ao ar livre, medite e contemple.

O ensinamento

A principal definição da Lua Fora de Curso é quando a lua não faz uma conexão maior com nenhum dos planetas até que ela entre no próximo signo. A melhor coisa a fazer quando tirar essa carta é entoar as palavras em sânscrito, 'Om Namo Narayani!', que significam, 'Eu me rendo ao ser divino'. Uma Lua Fora de Curso é o momento de apenas 'ser'.

Seja audaz e dê o primeiro passo
Lua Cardinal

Agora é o momento de ser audaz – mandão, até. Assuma o controle da situação. Os signos cardinais são poderosos e cheios de iniciativa; eles são determinados e ótimos em organização. Tirar esta carta sugere fortemente que você precisa ser todas aquelas coisas para conseguir sua resolução ou posição ideal na situação sobre a qual está perguntando. Esta carta pode desafiar você sobre o quanto você deseja algo. Se estiver preocupado com uma situação, a sugestão é ser menos passivo. Ao invés disso, seja assertivo enquanto direciona os eventos para onde deseja. Defenda o que você deseja. Se estiver sendo sério sobre compreender melhor as coisas, pode ser necessário assumir o controle de alguma forma, se colocar como um líder.

Sintonize-se com a Lua

Estou assumindo o controle do meu destino!

Significados adicionais para esta carta

- Seja audaz e siga seu coração e suas emoções.
- Evite ser descuidado ou agir com muita pressa.
- Assuma o seu poder; o tempo de agir é agora!
- Peça a Ganesha, o deus elefante hindu, para te ajudar.

O ensinamento

Na astrologia, há três qualidades: Cardinal, Fixa e Mutável. Os signos cardinais são Áries, Câncer, Libra e Capricórnio (lembre-se que nós todos temos os 12 signos em nosso mapa, para partes diferentes de nossas vidas – é apenas a forma que a roda astrológica funciona). Esses são os signos que gostam de começar as coisas e que são líderes naturais. Independentemente de quando tirar essa carta, é um sinal de que alguma coisa nova está começando e você possivelmente terá que assumir o controle da situação.

Mantenha sua visão
Lua Fixa

Há duas possibilidades principais com esta carta. A primeira é que você precisa se manter firme em qualquer situação em que esteja. A segunda interpretação, muito diferente, é que algo está bloqueado. Isso pode muito bem se referir à situação da sua pergunta. Se este for o caso, pense no que você pode fazer para a roda girar com mais facilidade. Você está sendo teimoso? Se sim, isso é ótimo, porque se realmente quer que as coisas mudem, há uma solução: pare de ficar sapateando no mesmo lugar! Seja a pessoa que vai romper com o impasse. Com duas interpretações para essa carta, cabe a você decidir o que está acontecendo e ver qual significado melhor se aplica a você. Isso oferece uma chance de fazer uma autorreflexão.

Sintonize-se com o Lua

Sim. Apenas diga a palavra muitas vezes e veja como se sente.

Significados adicionais para esta carta

- Permanência, fé ou paciência são necessários.
- Alguém precisa recuar.
- Evite a estagnação.
- Uma relação pessoal ou profissional será duradoura.

O ensinamento

Na astrologia, há três características: Cardinal, Fixa e Mutável. Os signos fixos são Touro, Leão, Escorpião e Aquário. Os signos fixos podem ser teimosos, então qualquer coisa que esteja começando agora enquanto você tira essa carta pode durar muito. (Lembre-se, nós todos temos todos os signos solares em nosso mapa – é apenas a forma que a roda astrológica funciona – então não há julgamento quando dizemos que apesar de ser admirável quão permanentes esses signos fixos podem ser, eles também podem ser obstinados).

Nada dura para sempre
Lua Mutável

'Mutável' é tudo relacionado a mudança — até mesmo em sua forma; sobre algo que ainda está em desenvolvimento. Esta carta indica que algo está de fato mudando e que há espaço para manobras. Então encare-a como um sinal de que a situação sobre a qual está perguntando está longe de ser finalizada. Se você não está feliz com o atual estado das coisas, isso é maravilhoso — significa que você ainda pode mudar o curso até o resultado. Entretanto, há também um senso de que a situação talvez seja um pouco instável. Para alguns, isso é ótimo, porque ainda é possível influenciar a situação. Outros sofrerão um pouco com a incerteza, mas ficarão com ela um pouco mais. Em ambos os casos, nada é permanente.

Sintonize-se com a Lua

'Eu sei que o melhor acontecerá para mim.'

Significados adicionais para esta carta

- Você está ziguezagueante em direção ao seu objetivo, e tudo bem.
- Manter-se adaptável é a chave do sucesso para você agora.
- Não se deixe levar pelos outros!
- Tem andado distraído? É hora de ter foco!
- Permaneça com ele, o que quer que seja que 'ele' signifique para você.

O ensinamento

Na astrologia, há três qualidades; Cardinal, Fixa e Mutável. Os signos mutáveis são Gêmeos, Sagitário, Virgem e Peixes, e quando a lua está em um desses signos, você sabe que haverá mais flexibilidade em uma situação. A qualquer momento que tirar esta carta, ela sugere que há oportunidade de manter-se visualizando e afirmando o que deseja, assim como ainda há espaço para mudanças. Então pense no que você deseja, e aproveite o sonhar acordado!

As emoções estão em alta!
Super Lua

Esta carta sugere que a resposta para a sua pergunta está escrita no céu noturno em letras grandes e prateadas como a imensa Lua Cheia. Se você está se perguntando se algo vai ou não ter sucesso, por exemplo, um emprego ou um relacionamento, a resposta é *muito*. Para usar o linguajar comum, a resposta para a sua pergunta pode muito bem estar embaixo do seu nariz! Esta carta é sobre ser maior que a vida, ser especial e transbordar energia que você pode canalizar e colocar em prática. Você pode esperar uma grande quantidade de coisas e um resultado positivo quando essa carta surgir, mas você pode descobrir que há muitas emoções com as quais também terá que lidar.

Também há a ideia de que as oportunidades ao redor da situação sobre a qual está perguntando não surgem todos os dias, então mexa-se.

Sintonize-se com a Lua

O sucesso está perto. Eu só preciso confiar!

Significados adicionais para esta carta

- Uma resolução para sua pergunta está mais perto do que você imagina.
- Não ignore o óbvio.
- Algo excitante está a caminho!
- Cuidado para não encarar os eventos de forma desproporcional.
- Fale com a Deusa – peça a assistência dela.

O ensinamento

Uma Super Lua é uma Lua Nova ou Lua Cheia que ocorre quando a lua está em seu ponto mais próximo da Terra durante sua órbita mensal, um evento chamado perigeu. Se for uma Lua Cheia, a lua aparece cerca de 14% maior nesse ponto. A Lua é conhecida como a Rainha das Emoções, e se você tirar a carta da Super Lua (independentemente de quando isso acontecer) você pode esperar que seus sentimentos sejam carregados de mais intensidade.

Acredite no impossível
Lua Azul

Como costumam dizer por aí, certas coisas só acontecem lá de vez em quando, de tão especiais. Em outras palavras, quase nunca. Tirar esta carta sugere que você está prestes a obter uma chance rara, e uma dessas coisas únicas podem muito bem acontecer. Esta carta é um sinal muito positivo se você estava sentindo que desejava demais, ou que estava pedindo muito ao universo. Sobre o que quer que você esteja perguntando – bem, pode ser que aconteça lá de vez em quando, mas pode acontecer! Entretanto, com esta rara oportunidade diante de você, é importante que você acredite nela. Se você se convencer de que a sua questão nunca correrá em seu favor, advinha só? Ela não será a seu favor! Seja grato por esta carta, que é um lembrete para acreditar em seus sonhos.

Sintonize-se com a Lua
Sou sortudo!

Significados adicionais para esta carta

- Perca esta chance e pode ser que ela não apareça tão cedo outra vez.
- O que aconteceu pode acontecer apenas uma vez.
- A pessoa sobre quem você está perguntando é um raro amigo.
- Se você acreditar, você pode alcançar.
- É improvável que essa situação se repita.

O ensinamento
Geralmente, há três Luas Cheias entre cada equinócio e solstício (e vice versa). Às vezes, no entanto, ocorrem quatro Luas Cheias em uma única estação. Quando isso acontece, a Terceira Lua Cheia dessa estação de quatro Luas Cheias é chamada de Lua Azul – pelo menos, era essa a definição original de Lua Azul. Atualmente é comum usar o termo Lua Azul para a segunda Lua Cheia de qualquer mês com duas Luas Cheias.

Não deixe que seu passado te aprisione
Nodo Sul

O Nodo Sul, assim como o Nodo Norte, é um ponto cármico, mas é oposto ao Nodo Norte e se relaciona talvez às vidas passadas. Independentemente do que você esteja passando ou do assunto sobre o qual você esteja perguntando, há uma chance de que uma programação e condicionamento muito antigos estejam impedindo que você alcance tudo o que poderia alcançar. Você se sente preso a algo? Esta carta frequentemente surgirá como um sinal de que a situação ou o relacionamento sobre o qual você está perguntando se tornou de alguma forma sufocante, até mesmo tóxico. Ela sugere que alguém (até mesmo você) precisa ser libertado, que há algum tipo de vício ou uma dependência nada saudável que precisa ser enfrentada. Uma coisa é certa – quando você tirar essa carta você estará sendo desafiado a fazer algumas alterações, mesmo que ficar onde você esteja pareça ser mais fácil e mais seguro.

Sintonize-se com a Lua

Eu liberto o meu passado.

Significados adicionais para esta carta

- Um relacionamento é cármico e já se repetiu por muitas vidas.
- Sua atração a alguém chega quase a ser obsessiva.
- Não é porque você pode fazer algo, que você deva fazê-lo.

O ensinamento

O Nodo Sul é onde a lua cruza a eclíptica em direção ao Sul. No mapa astrológico, ela nos mostra o que possivelmente será nossa obsessão, mas que provavelmente nos fará pouco ou nenhum bem. O Nodo Sul é o ponto astrológico cármico que nos lembra de uma frase muito conhecida: 'Se você sempre fizer o que você sempre fez, você sempre conseguirá o que sempre conseguiu!'

É hora de sair da zona de conforto
Nodo Norte

Há um forte sentimento quando você tira essa carta de que é hora de deixar o passado para trás de alguma forma, porque você está seguindo na direção certa. Se você quer ser feliz e realizado, você precisa enfrentar aquilo que te amedronta (com motivo!). Esta carta é sobre viver o seu propósito de vida, que é possivelmente o tema da sua pergunta. Ela incita você a ousar fazer algo diferente com sua vida e sua direção, a agir. Então, você está disposto a seguir em frente e viver a vida que você está predestinado a viver? Se você finalmente encontrar a coragem para dar esse passo, há boas chances de que você se perguntará em breve 'Por que eu demorei tanto?'

Sintonize-se com a Lua

Eu sei que estou orientado na direção certa.

Significados adicionais para esta carta

- Você está direcionado para algo que parece ser 'destino'.
- Você precisa enfrentar o medo e superá-lo.
- É hora de parar de ser obcecado por alguma coisa ou alguém.
- Mantenha-se sobre seus dois pés.
- Você consegue!

O ensinamento

O Nodo Norte é onde a lua cruza a eclíptica em direção ao norte. É um ponto cármico e no mapa astrológico nos mostra o que precisamos fazer e onde precisamos ir em nossas vidas para encontrar satisfação, contentamento e realização. O Nodo Norte é o ponto astrológico cármico que nos lembra – para parafrasear André Gide – que para descobrir novos oceanos, nós temos que estar preparados para perder de vista a praia.

SOBRE A ARTISTA

Nyx Rowan é uma artista freelance, ilustradora e aquarelista. Ela é fascinada pelo mundo natural e retira muito da sua inspiração artística dos animais silvestres, da botânica, do espaço e da mitologia.

Ela vive em British Columbia, Canadá, e ama fazer trilhas e participar de excursões pelas montanhas para explorar novos lugares e recarregar as energias.

 www.nyxrowan.com

 nyxrowan

 @nyxrowan

SOBRE A AUTORA

Yasmin Boland é uma astróloga premiada, conhecedora da sabedoria lunar e autora bestseller. Ela também é uma das astrólogas mais lidas do planeta, com colunas publicadas no mundo inteiro.

Yasmin ama tudo relacionado a astrologia, mas tem um interesse especial pela Lua, principalmente as Luas Nova e Cheia. Visite seu site para ler a Mensagem diária da lua, além dos horóscopos semanais, mensais e anuais e outros horóscopos lunares.

Yasmin também é autora dos livros Moonology e Astrology Made Easy.

 www.moonology.com

 yasminboland

 @moonologydotcom

 @yasminboland